BEI GRIN MACHT SICH IHR
WISSEN BEZAHLT

AF141103

- Wir veröffentlichen Ihre Hausarbeit,
  Bachelor- und Masterarbeit

- Ihr eigenes eBook und Buch -
  weltweit in allen wichtigen Shops

- Verdienen Sie an jedem Verkauf

Jetzt bei www.GRIN.com hochladen
und kostenlos publizieren

Bibliografische Information der Deutschen Nationalbibliothek:

Die Deutsche Bibliothek verzeichnet diese Publikation in der Deutschen National-
bibliografie; detaillierte bibliografische Daten sind im Internet über http://dnb.d-
nb.de/ abrufbar.

Impressum:

Copyright © 2002 GRIN Verlag, Open Publishing GmbH
Druck und Bindung: Books on Demand GmbH, Norderstedt Germany
ISBN: 9783638934206

Dieses Buch bei GRIN:

http://www.grin.com/de/e-book/8083/die-kinderkarawane-von-an-rutgers-eine-
kurze-buchpraesentation

Britta Daniel, Hans-Peter Tonn

"Die Kinderkarawane" von An Rutgers. Eine kurze
Buchpräsentation

GRIN Verlag

GRIN - Your knowledge has value

Der GRIN Verlag publiziert seit 1998 wissenschaftliche Arbeiten von Studenten, Hochschullehrern und anderen Akademikern als eBook und gedrucktes Buch. Die Verlagswebsite www.grin.com ist die ideale Plattform zur Veröffentlichung von Hausarbeiten, Abschlussarbeiten, wissenschaftlichen Aufsätzen, Dissertationen und Fachbüchern.

Besuchen Sie uns im Internet:

http://www.grin.com/

http://www.facebook.com/grincom

http://www.twitter.com/grin_com

Studienleistungen im Grundstudium

Institution :	Fachhochschule Hildesheim/Holzminden/Göttingen
Fachbereich:	Sozialpädagogik in Hildesheim
Leistungssemester:	SS 2002
Art:	Referat
Dauer:	30 Minuten
Veranstaltung:	Kinder und Jugendliche – einst und jetzt, hier und da
Thema:	Buchpräsentation „Die Kinderkarawane" von An Rutgers

<u>Inhalt</u>

Person A beginnt mit der Präsentation. Er stellt uns vor und fährt fort:

1. Einleitung

„Die Kinderkarawane", geschrieben von der holländischen Jugenbuchschriftstellerin An Rutgers (geb. 1910 in Amsterdam), übersetzt von Irma Silzer. Das Buch erschien erstmals 1975 im Deutschen Taschenbuchverlag München. An Rutgers erzählt in ihrem Buch über die Wanderung der sieben Kinder Sager durch den Nordwesten Amerikas, die im Jahre 1844 stattfand.

Rutgers erfuhr durch einen Zeitungsartikel vom Schicksal dieser Kinder. Dieser weckte ihr Interesse und sie recherchierte intensiv. Sie forschte in Büchern über die Geschichte amerikanischer Pioniere und alten Tagebüchern von Entdeckungsreisenden. Dabei stieß sie unter anderem auf einen Brief vom Verwalter eines kleinen Pelzjägerforts und den Bericht des amerikanischen Missionars Doktor Marcus Whitman. Dort fand sie wichtige Informationen über die Sager-Kinder. Auf diese geschichtlichen Tatsachen und Recherchen stützt sich die Erzählung .

2. Thematischer Inhalt

Im Jahr 1844 wurde der Nordwesten Amerikas als „Wilder Westen" bezeichnet. Das Land zwischen dem Columbiatal, Oregon und Californien, rings um die Rocky Mountains, war noch weitgehend unbesiedelt. Die ersten Siedler (Pioniere) aus aller Welt bahnten sich ihren weiten Weg Richtung Californien und Oregon.

Dabei zogen sie in „ „Trecks" von meist mehreren hundert Planwagen mit Ihrem gesamten Besitz und Viehherden durch karges, lebensfeindliches Land. Oft mehrere tausend Meilen, monatelang. Ständig bedroht von feindlich gesonnenen Indianerstämmen, wilden Büffelherden, Krankheiten („Ruhr") und Nahrungsmangel. Hilflos ausgeliefert den Naturgewalten. Viele Pioniere bezahlten ihren Traum vom „fruchtbaren Land" und „neuem Leben" mit dem Tod.

Zu einem solchen Treck gehören auch die Kinder Sager: John (fast 14 Jahre), Luise (12 Jahre), Francis (11 Jahre), Käthe (9 Jahre), Mathilde (5 Jahre), Lizzi (3 Jahre) und Indepentia (Säugling). Gemeinsam mit ihren Eltern Naomi und Heinrich Sager ziehen sie bereits seit fünf Jahren Stück für Stück weiter nach Westen. Nachdem sie sich in St. Louis eine Farm aufgebaut haben, packt den Vater wieder das Reisefiber.

Im Sommer 1944 macht sich die Familie mit einem Treck auf in Richtung Oregon. Die Reise ist alles andere als ungefährlich. Feindselige Indianerstämme, raffgierige Fortverwalter und wilde Tiere machen den Siedlern zu schaffen. Im unwegsamen Gelände brechen die Achsen der Planwagen. Reißende Flüsse müssen mit Pferd und Wagen überquert werden. Unwetter zerstören fast die Hälfte aller Wagen.

Während dieser Reise wird bei den Sagers der Säugling Indepentia geboren, als eine Gruppe Indianer den Planwagen der Familie angreift.

Kurz nach der Geburt erkranken die Eltern Naomi und Heinrich Sager unerwartet. Der Planwagen der Familie muss zurückbleiben. Der Vater erteilt seinem ältesten Sohn John den Auftrag, von nun an für die Familie zu sorgen. John übernimmt nun das Jagen und Versorgen der Familie. Nach zwei Tagen trifft ein berühmter Trapper, Kit Carson, auf den Planwagen der Familie. Er sieht die kranken Eltern und den Säugling und rät John, sofort weiterzufahren. Er soll so schnell wie möglich, Tag und Nacht fahren, um den Treck einzuholen. John befolgt diesen Rat und lenkt den Wagen zwei Tage und zwei Nächte wie ein Wahnsinniger, bis er den Treck eingeholt hat. Vollkommen erschöpft holt er den Doktor. Doch der kann nur noch den Tod beider Eltern feststellen. Ein unvorstellbarer Schmerz für alle Kinder. Aber John trauert nicht zu lange. Er sieht es als seine Aufgabe, seine jüngeren Geschwister zu trösten.

John muss weiter für das Schicksal seiner Familie kämpfen. Zunächst entscheidet der Rat der Vertrauensmänner unter den Siedlern, die Kinder auf verschiedene Familien aufzuteilen. Doch John zeigt Verantwortung. Er erreicht durch seine vernunftbetonte Argumentation, daß die Kinder auf dem Familienplanwagen zusammenbleiben können. Bis auf das jüngste Familienmitglied, die kleine Indepentia. Der Rat beschließt, dass sie von einer anderen Siedlerfrau versorgt werden soll.

Als der Treck zu einem Fort gelangt, welches auf halbem Weg nach Oregon liegt, versucht der britische Fortverwalter mit allen Mitteln, den Pionieren ihren Traum von Oregon auszureden. Sein Wunsch ist es, dass Oregon einmal zu England gehört, nicht zu der amerikanischen Regierung. Um das zu erreichen, erzählt er den Siedlern Horrormärchen über Hungersnöte, Schneestürme, mörderische Indianerstämme und hohe Verluste von Menschen und Tieren, wenn sie den Weg nach Oregon weiter gehen. Tatsächlich gelingt es ihm, die Siedler zu überzeugen. Der Treck entscheidet, stattdessen nach Californien weiterzuziehen.

Als John diese Entscheidung hört, wird er wütend. Er will den Traum seines toten Vaters nicht aufgeben. Heinrich Sagers Wunsch war es, den Säugling Indepentia von einem der ersten Oregon-Entdecker, dem Missionar Doctor Marcus Whitman, in Oregon taufen zu lassen. John überzeugt die anderen Kinder von seinem Plan.

In der folgenden Nacht holt John den Säugling Indepentia von der fremden Siedlerfrau zurück. Er zieht mit seinen Geschwistern allein los. Ohne Wagen, mit dem starken Ochsen Walter, der jungen Kuh Anna und dem jungen Wolfshund Oskar. Im Gepäck: Mehl, etwas Zucker, gesalzener Speck, gedörrtes und gehacktes Büffelfleisch, Wasserkessel, Pfanne, Topf, Bibel, Nähzeug, Decken und Zelttücher, Gewehre, Ladestöcke, Pulver, Blei, Zündhütchen, Jagdmesser und Wassersäcke.

Alles, was John weiß, ist, dass sie dreihundert Meilen in westliche Richtung müssen, um das nächste Fort zu erreichen. Die Kinder marschieren zu Fuß bei sengender Hitze tagelang durch unwegsames, steiniges Gelände, einem Flußlauf folgend. John treibt seine Geschwister vorwärts, weil er weiß, dass sie es nur so lebendig bis Oregon schaffen werden.

Die kleine Familie lebt von dem Wild, das John schießt. Offene Blasen und Verletzungen vom täglichen Wandern werden mit Gewehrfett gepflegt. Die Kinder müssen sich unterwegs gegen Grizzlybären verteidigen. Sie kommen in Gegenden, wo es kaum Nahrung gibt und magern ab. Der kleine Säugling verdreckt, die Kleider und Schuhe der Kinder zerfetzen. Die Sager-Kinder müssen einen Fluss mit gefährlichem Treibsand überqueren. Nachdem das Baby Indepentia an einem Fluss gründlich von Dreck gereinigt ist, wird es krank und erbricht alles. Die Wasservorräte gehen zu Ende und kein Wasser ist in Sicht. Ein Waldbrand tötet den Ochsen Walter und fast auch die Kinder. John treibt seine Familie weiter streng vorwärts. Er ringt mit sich, haßt die Verantwortung und sein hartes Vorgehen. Doch er will den Traum seines Vaters verwirklichen.

Als sie endlich das nächste Fort erreichen, tragen die Kinder zerfetzte Lumpen und sind abgemagert und verwahrlost. Sie treffen auf einen herzensguten Fortverwalter* , der kaum glauben kann, was John da vollbracht hat. Fünf Tage päppelt er die Kinder wieder auf, gibt ihnen Essen und Trinken, läßt sie sich waschen und pflegen, viel schlafen und gibt ihnen neue Kleidung und Schuhe. Da John mit den Kindern unbedingt weiterziehen

will, beschließt der Verwalter, den Sager-Kindern ein paar zuverlässige Schoschone –
Indianer mit Pferden als Geleit mitzugeben und eine Karte (Holzkohlezeichnung auf
Luchsfellleder).
(* Dieser Verwalter war es übrigens, der später in einem Brief an seine Mutter über die
Sager-Kinder berichtete. Der Brief ist als Dokument erhalten geblieben.

„Ich habe Dir in meinen Briefen schon allerlei Seltsames erzählt, aber noch nie bekam
ich eine so harte Nuß zu knacken wie in diesen Tagen. Eine verdammt aufregende
Geschichte, aber etwas Unerhörtes, Unvergeßliches. Dieser Junge, dieser John! Selbst
unser himmlischer Vater muss tief gerührt sein durch seine stellvertretende Vaterschaft.
Er war durchaus kein bequemer Anführer, und er verlangte unbedingten Gehorsam. Als
sich seine neunjährige Schwester einmal weigerte, den Säugling zu halten, legte er sie
übers Knie und verdrosch sie derart, dass sie bat und flehte, das Kind halten zu dürfen.
Natürlich musste er streng sein, um seiner Aufgabe gerecht zu werden. Seine Nerven
waren ständig angespannt, er konnte die Schwere seiner Verantwortung keinen
Augenblick vergessen. Bei Gott, er hat auch mich herumgekriegt, denn ich habe ihn
nach einer Ruhepause von einigen Tagen unter dem Schutz von ein paar treuen
Indianern und mit guten Pferden weiterziehen lassen.")

Doch der Weitermarsch wird nicht so einfach wie gedacht. Die Indianer meutern und
verschwinden schließlich mit den Packpferden und nahezu dem gesamten Vorrat. Die
ersten gewaltigen Herbstregengüsse lassen die Kinder frieren und zerstören zwei ihrer
Gewehre. Hagel, Stürme, Frost und Hunger machen den sieben Sager-Kindern zu
schaffen. Ihre neuen Schuhe sind bald wieder durchgelaufen, sie wickeln sich Wolfsfell
darum. Trotzdem schwellen die Füße an und sind voller offener Wunden. Sie stapfen
täglich durch hüfthohen Schnee, trinken Schnee- und Regenwasser und ernähren sich
durch Fallenstellen, da die Gewehre unbrauchbar geworden sind. John wacht nachts
am Feuer, um seine Geschwister vor hungrigen Wölfen zu beschützen. Tagsüber treibt
er sie vorwärts, mit großer Strenge. Wer sich weigert, erhält von ihm eine Tracht Prügel.
John weiß, dass, wenn er jetzt nicht hart durchgreift,
alle sterben werden.
Die Kuh Anna rutscht unterwegs aus, fällt auf Luise. Diese bricht sich das Bein. John
kühlt es mit Schneebällen und schient es. Kurz darauf begegnen die Kinder einem alten
Bären, der sterbend in seiner Höhle liegt. Oskar, der Hund, tötet ihn, und die Kinder
beschließen, vorübergehend in die Höhle zu ziehen. Nach sechs Tagen ziehen sie

weiter. Auf und ab, über schneebedeckte Gipfel. Am Ende ihrer Kräfte erreichen sie einen Gipfel, von dem aus sie endlich entdecken, was sie suchten: Oregon liegt vor ihnen.

Die Kinder erreichen das Haus von Missionar Doktor Marcus Whitman. Dieser kann nicht glauben, was John und seine Geschwister alleine vollbracht haben. John übergibt als erstes Indepentia an den Doktor, in der Hoffnung dass sie noch lebt und getauft werden kann. Der Säugling atmet noch, er lebt. Johns zweiter Wunsch ist inzwischen fast größer als die Taufe: er fleht Doctor Whitman an, ihm seine Last abzunehmen und ihr neuer Vater zu werden. Er hat Angst, dass seine Geschwister ihn für seine Strenge hassen, und er möchte endlich wieder mit ihnen spielen. Der Doctor kommt seinem Wunsch gerne nach.

Person B übernimmt die Moderation und fährt fort:

3. Inhaltliche Schwerpunkte des Buches im Hinblick auf

a) Erziehung und Bildung

Da die Familie durch Amerika zieht, seit John acht Jahre alt war, haben die Kinder keine Gelegenheit, eine Schule zu besuchen. Stattdessen lernen sie von ihren Eltern alles überlebenswichtige für die tägliche Arbeit im Treck und auf einer Farm.

Insbesondere John wird vor der Reise nach Oregon von seinem Vater ausgebildet im Jagen und Fischen. Er fängt Tiere, zähmt sie, lernt die Gewohnheiten der Tiere kennen. Er lernt ihre Laute nachzuahmen. John macht Bekanntschaft mit den Indianern und ihrer Art, Handel zu treiben. Er erlebt Überfälle und lernt, wie man sich verteidigt.

Während der Reise allein durch die Wildnis hilft John sein Wissen, die Familie nach Oregon zu bringen. Was er nicht genau weißt, probiert er aus. Er muss z.B. Fallenstellen lernen, als die Gewehre vom Regen zerstört sind. Er ritzt mit einem Messer seinen Arm auf, tränkt einen Stofffetzen mit Blut und legt ihn in eine Schlinge. Als Luise sich ein Bein bricht, kühlt er es mit Schneebällen und schient es mit Holz und Stoff.

b) Arbeit

Die Sager-Kinder haben bereits während ihrer Reise mit dem Treck bestimmte Aufgaben, mit denen sie die große Familie unterstützen. Die älteren Kinder sind zuständig für die Versorgung und Pflege der jüngeren (waschen, anziehen, aufpassen). Sie müssen zunehmend Verantwortung übernehmen. So muss John z.b. Aufsicht am Planwagen führen, den Wagen lenken, das Vieh über den Fluß bringen und mit seinem Vater den Wagen vor feindlichen Indianerangriffen schützen. Luise muss Feuer machen, Essen kochen, für die Kleinen sorgen und beim Indianerangriff die Gewehre laden.

Als die Kinder allein unterwegs sind, verteilt John die Aufgaben. Er jagt und zerlegt das Wild, Luise macht Essen, pflegt Indepentia und näht aus Leder neue Kleidung. Die anderen Kinder holen Wasser, sammeln Holz, machen Feuer, bauen das Lager auf und kümmern sich um die Tiere.

c) Gefährdungen

Schon während ihrer Reise mit dem Treck sind die Sager-Kinder lebensbedrohlichen Gefahren ausgesetzt (Indianerattacke, riesige Büffelherden, Krankheiten, Unwetter). Diese erhöhen sich jedoch um ein vielfaches, als die sieben Geschwister auf eigene Faust losziehen. Ohne den Schutz und das Wissen ihrer Eltern und der anderen Siedler, ohne Planwagen und Pferde, sind sie der Natur extrem ausgeliefert. Sie erleiden Hunger und Durst, Kälte und Nässe, Verletzungen, Schmerzen, Erschöpfung. Sie müssen sich retten vor Waldbrand, aggressivem Unwetter, Schnee und Eis, Grizzlybären, Indianern. Insbesondere das Baby Indepentia verwahrlost, weil es nicht angemessen gesäubert und gefüttert werden kann.

Auch psychisch erleben die Kinder eine harte Zeit. Sie verlieren ihre Eltern relativ plötzlich und haben kaum die Möglichkeit, darüber zu trauern. Insbesondere John nicht, denn er ist plötzlich und unerwartet in der Rolle des Erwachsenen, des Familienvaters. Er muss Verantwortung zeigen und darf keine Gefühle zulassen.

Indepentia baumelt fast während der gesamten Reise in einem Paket am Sattel der Kuh Anna. Die Vermutung liegt nahe, dass das Baby also auch seelisch verwahrlost, allein, weil die Kinder oft viel zu sehr mit sich selbst beschäftigt sind.

John wird während der Reise in seiner Rolle als strenger Anführer immer unbeliebter. Die Gefahr ist groß, dass seine Geschwister meutern oder einfach aufgeben.

d) Einbindung in Rollen und Funktionen

Insbesondere die älteren Kinder, Luise und John, aber auch schon der 11jährige Francis, werden auf ihre zukünftigen Rollen als Frauen und Männer vorbereitet. John und Francis lernen zu jagen, zu fischen, zu reiten und mit Waffen und Vieh umzugehen. Luises Aufgaben sind Feuer machen, Essen kochen und die kleineren Kinder waschen und pflegen. Diese geschlechtsspezifische Rollenverteilung war im 19. Jahrhundert Normalität. Auch nach dem Tod der Eltern und während der eigenständigen Reise der Kinder behalten die Kinder ihre Rollen bei. Dies erleichtert die Aufgabenverteilung. Jeder weiß, was er zu tun hat.

e) Perspektiven

Während ihrer Reise ohne den Treck Richtung Oregon sind die Kinder mehrmals in Lebensgefahr (Grizzlybären, Hunger, Durst, Kälte, Unwetter, Waldbrand, Treibsand). Doch sie meistern alle riskanten Situationen sehr intelligent. Zu verdanken haben sie das dem starken Willen und Durchsetzungsvermögen von John, der die Kinder oft unbarmherzig vorwärts treibt. Nach allem, was John erreicht hat, würde ich ihm ohne weiteres auch zutrauen, das zukünftige Leben in Oregon und den Aufbau einer Farm eigenständig zu gestalten. Da der Missionar Doctor Marcus Whitman die Kinder jedoch in seiner Familie aufnimmt, brauchen sie sich um ihre weitere Zukunft keine Sorgen zu machen. Sie werden Oregon besiedeln und das Baby Independia taufen, wie es der Wunsch des Vaters war.

f) Psycho-soziale Lage

Zu Beginn der Reise ist der psychische und soziale Zustand der Kinder vollkommen in Ordnung. Alle Kinder sind körperlich und geistig gesund. Sie sind in ihr Familienleben und den Treck integriert.

Sobald sie allerdings ihre Eltern verlieren, verändert sich für die Kinder, besonders für John, alles. Er ist jetzt für die Familie verantwortlich. Diese große Verantwortung belastet ihn, doch er läßt es sich nicht anmerken. Er möchte die Familie zusammenhalten und den Traum des Vaters, seines Vorbildes, verwirklichen. Dafür setzt er alles in seiner Macht stehende ein, mit außergewöhnlicher Härte und Fanatismus (Prügel und harte Worte gegen die Geschwister). Er geht bis an seine psychischen und physischen Belastungsgrenzen und darüber hinaus. John hat das Gefühl, jetzt die Rolle seines Vaters übernehmen zu müssen. Luise steht plötzlich in der Rolle der Mutter. Die Geschwister akzeptieren den Rollenwechsel zwar. Es gibt jedoch immer wieder Konflikte, da John sich nicht mehr wie ein kumpelhafter Bruder sondern wie ein strenger Vater verhält.

John wird durch seinen Rollenwechsel plötzlich sehr ernst, lacht nicht mehr und zeigt kaum noch offen Gefühle. Das belastet zunehmend die Stimmung unter den Sager-Kindern. Erst, als John seine Verantwortung endlich an Doctor Whitman abgeben kann, weil dieser die Vaterrolle nun übernimmt, bricht er in Tränen aus. Er fühlt sich von einer schweren Last befreit und möchte endlich wieder Kind sein dürfen.

4. Thesen

1) Wäre John nicht so ein strenger Anführer gewesen, hätten die Sager-Kinder nicht überlebt.

2) Heutzutage werden Kinder von ihren Eltern nicht ausreichend auf ein eigenständiges Leben vorbereitet.

Person A und Person B bedanken sich für das Zuhören und Mitmachen und fragen nach eventuellen Fragen. Infolge werden sie auf diese eingehen.

Literatur- und Quellenangabe

- „Die Kinderkaravane", An Rutgers, Deutscher Taschenbuchverlag München 1975, ISBN 3-7891-1990-3